中国文化
知识读本

ZHONGGUO WENHUA ZHISHI DUBEN

夏商周——传奇时代

金开诚◎主编

王冰河 吴雪萍◎编著

吉林出版集团有限责任公司
吉林文史出版社

图书在版编目（CIP）数据

夏商周：传奇时代 / 王冰河，吴雪萍编著 . —长春：吉林出版集团有限责任公司：吉林文史出版社，2009.12（2022.1重印）

（中国文化知识读本）

ISBN 978-7-5463-1713-7

Ⅰ.①夏… Ⅱ.①王… ②吴… Ⅲ.①中国 – 古代史 – 三代时期 Ⅳ.① K221

中国版本图书馆 CIP 数据核字（2009）第 236909 号

夏商周——传奇时代

XIASHANGZHOU CHUANQI SHIDAI

主编/ 金开诚 编著/王冰河 吴雪萍

项目负责/崔博华 责任编辑/曹恒 于涉

责任校对/王凤翎 装帧设计/曹恒

出版发行/吉林文史出版社 吉林出版集团有限责任公司

地址/长春市人民大街4646号 邮编/130021

电话/0431-86037503 传真/0431-86037589

印刷 / 三河市金兆印刷装订有限公司

版次/2009 年 12 月第 1 版 2022 年 1 月第 5 次印刷

开本/650mm×960mm 1/16

印张/8 字数/30千

书号/ISBN 978-7-5463-1713-7

定价/34.80元

《中国文化知识读本》编委会

关于《中国文化知识读本》

　　文化是一种社会现象，是人类物质文明和精神文明有机融合的产物；同时又是一种历史现象，是社会的历史沉积。当今世界，随着经济全球化进程的加快，人们也越来越重视本民族的文化。我们只有加强对本民族文化的继承和创新，才能更好地弘扬民族精神，增强民族凝聚力。历史经验告诉我们，任何一个民族要想屹立于世界民族之林，必须具有自尊、自信、自强的民族意识。文化是维系一个民族生存和发展的强大动力。一个民族的存在依赖文化，文化的解体就是一个民族的消亡。

　　随着我国综合国力的日益强大，广大民众对重塑民族自尊心和自豪感的愿望日益迫切。作为民族大家庭中的一员，将源远流长、博大精深的中国文化继承并传播给广大群众，特别是青年一代，是我们出版人义不容辞的责任。

　　《中国文化知识读本》是由吉林出版集团有限责任公司和吉林文史出版社组织国内知名专家学者编写的一套旨在传播中华五千年优秀传统文化，提高全民文化修养的大型知识读本。该书在深入挖掘和整理中华优秀传统文化成果的同时，结合社会发展，注入了时代精神。书中优美生动的文字、简明通俗的语言、图文并茂的形式，把中国文化中的物态文化、制度文化、行为文化、精神文化等知识要点全面展示给读者。点点滴滴的文化知识仿佛繁星，组成了灿烂辉煌的中国文化的天穹。

　　希望本书能为弘扬中华五千年优秀传统文化、增强各民族团结、构建社会主义和谐社会尽一份绵薄之力，也坚信我们的中华民族一定能够早日实现伟大复兴！

【目录】

青铜时代第一鼎

一 夏朝的政治、经济和文化

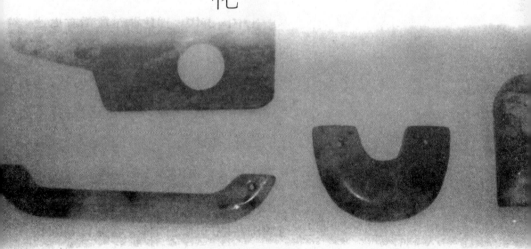

四川禹王宫

（一）夏朝的建立

在中国古代，禅让制是统治者更迭的一种方式，指在位君主生前便将统治权让给他人。禅让制专指"五帝"时代，即尧舜禹的时代。传说，尧年老之后，自动让位给舜。禅让是在位君主自愿进行的，是为了让更贤能的人统治国家。

在夏朝建立之前，曾出现过夏部族与周围其他部族之间争夺联盟首领的频繁战争。因为到了氏族公社后期，生产力发展了，一个人生产的东西，除了维持自己的生活，还有了剩余。氏族、部落的首领们利用自己的地位，把剩余产品作为自己的私人财产，变成氏族的贵族。有了剩余的产品，部落和部落之间发生战争，捉住了俘虏，不再把他们杀掉，而把他们变成奴隶，为贵族劳动。这样，就渐渐形成了奴隶和奴隶主两个阶级，氏族公社开始瓦解。舜年老以后，也像尧一样，物色继承人。由于禹在治水中的功绩，提高了部落联盟首领的威信和权力，加上禹品德高尚，深得万民的拥戴。舜去世后，禹正式成为部落联盟的领袖。禹继舜位后，便开始了历史上的夏朝。夏朝是我国历史上第一个朝代，禹是夏朝的第一个国君。禹当上夏朝的国君后，没有忘记肩负的重任，没有忘记天下的长治久安，虽然身居高位，却不贪图享乐。为了治理天下，他还了解民情，深得人民的爱戴。夏的势力也随之增强，成为部族联盟首领。

大禹塑像

　　而后，禹一改舜的和平政策，联合诸部落讨伐西南的少数民族——三苗，把三苗从长江流域驱赶到南方。因为在讨伐三苗时，东方的九夷部落没有出兵相助，大禹为此又讨伐九夷。这也说明大禹的权力远远超过了舜。禹王晚年有一次在茅山（今浙江绍兴）召集各部落首领，想借商议大事之名再显示一下威风，巩固他对各部落的控制。而离茅山不远的地方有一个部落，叫防风氏。这防风氏对禹的权力并不尊重，开会时故意很晚才来。禹见此情况大怒，下令处死了防风氏。各部落的首领见禹是这样威严，个个俯首帖耳，唯禹王之命是从，这说明，那时候的禹已经从部落联盟首领变成了名副其实的国王。

禹在对外战争中，不断取得胜利，俘获很多奴隶和财富。这时他的儿子启势力已经很大。他看到父亲担任部落联盟首长，生活富裕而且很有权势，早就想继承这个职位。但是，鉴于禅让的传统，禹到了晚年，也开始四处查访，有个夷人首领皋陶原来做过禹的助手，曾经帮助禹治理政事。禹决定推举皋陶为继承人，但是由于年事已高，没等到继位，皋陶就病死了。后来经过商议，又一致推举皋陶的儿子伯益做他的继承人。伯益曾经是大禹治水的一名主要助手，在当时人们的心目中，伯益是仅次于大禹的一位英雄。但是随着王位的巩固，禹越来越觉得自己好不容易得来的王权应该由自己的儿子来接管，而不能让别的什么人来继承。夏部落的多数奴隶主贵族，也都不愿意把这个权力让给别的部落。

大禹陵

大禹陵祭台

　　可是伯益功劳卓著，威望极高。禹王感到众怒难犯，只好顺水推舟，答应下来。后来他想到：自己所以能顺利地继承舜位，一是当年治水有功得到了人们的尊敬和爱戴，二是舜选定自己做继承人之后，就让自己行使治理天下的大权。所以，禹把治理天下的大权让儿子去执行，而只给伯益一个继承人的名义。过了几年，他的儿子启由于把国事处理得很好，在人们心目中的地位也高了起来，而伯益作为继承人，却没有新的政绩，他过去办的好事，人们也渐渐淡忘了。禹死后，启便在夏部落奴隶主贵族的支持下，

夏朝的政治、经济和文化

伯益像

废除了禅让制度，继承了父亲的职位，行使起王权。

为此，伯益召集东夷部族率军攻打启。而启早有防备，经过一场大战，打败了伯益的军队。从此，父亡子继的家天下制度便取代了任人唯贤的公天下制度。但许多部族对他改变禅让传统的做法表示强烈的反对。有一个部族首领叫做有扈氏，站出来反对夏启的做法，要求他按照部落会议的决定，还位于伯益。于是，夏启就和有扈氏在甘泽地方（今陕西户县一带）发生了战争。经过一场激烈的厮杀，有扈氏被打败了，有扈部落的成员被罚做奴隶。从此，夏启的王位终于坐稳了。为了庆祝胜利，夏启在钧台（今河南禹州）举行了大规模的宴会，史称"钧台之享"。启公开宣布自己是夏朝的第二代国君。夏王朝建立以后，它的疆域扩展到西起河南省西部和山西省南部；东至河南省、山东省和河北省三省交界处；南起湖北省，北至河北省。当时夏的势力延伸到黄河南北，甚至长江流域。夏王朝先后建都阳城（今河南省登封的东部）、酌鄩（今河南省登封的西北部）、安邑（山西省夏县西北部）等地。

夏启年老时，他的几个儿子激烈地争夺着继承权。发生了太康兄弟五人争夺王位的斗争，小儿子武观（一说为幼弟）因为争得最凶，启就将他放逐到黄河西岸（今陕西一带）。武观聚众反叛，启派大将彭伯寿带兵将他打败，并押来见启。武观只好认罪服输。不久，夏启因荒淫过度而病死。太康即位，太康荒淫无度，不理政事，东夷族有穷氏首领后羿趁夏朝内部王权之争，夺取了王位。但是不久后羿被东夷族伯明氏寒浞所杀。太康死后，子仲康立。仲康死后，其子相夺回王位，即少康。夏朝政权经过较长时间才稳定下来，王位世袭制得以巩固。

大禹铜像

夏朝的政治、经济和文化

大禹治水浮雕作品

王位世袭制是走向奴隶制国家的重要标志之一，这是中国历史上一场重大的社会变革。随着王位世袭制的确立，以国王为中心的国家机构体制也随之建立起来。

当时，随着氏族部落间掠夺战争的加剧，越来越多的俘虏变成了奴隶。在氏族内部，由于私有制的发展，耕地逐渐被分配到各个家庭使用。一夫一妻的小家庭开始成为社会的经济单位。在这种情况下，富有家庭的家长们，为了取得更多的财富，开始掠夺本氏族成员占有的生产资料。社会财富日益集中在少数人手里。这些部落首领和富有家庭的家长成为奴隶主。而多数人丧失了生产资料，成为平民或游民，有的被迫为奴隶主劳动，沦为奴隶。于是，社会上形成了奴隶和奴隶主两大对抗的阶级。奴隶是奴隶主贵族的私产，可以任意地打骂、杀害，甚至当做商品进行交换。私有制确立了，贵族们的财富和奴隶也理所当然地传给子孙后代。经济基础的这种变化，必然引起上层建筑的变革。在当时的历史条件下，世袭和禅让相比，是一种含有进步意义的新制度。公元前21世纪，中国第一个王朝——夏王朝的建立，标志着中国几万年的原始社会基

大禹治水雕像

本结束，数千年的阶级社会从此开始，它的诞生成为中华文明史上的一个重要里程碑。

（二）夏朝的政治

夏朝是一个部落联盟形式的国家，它的奴隶制是在原始公社制度的废墟上建立起来的。在原始公社制度逐渐解体的过程中，父权家长制家庭成为一种将它摧垮的力量。奴隶制国家的世袭王权和世袭贵族，就是以父权家长制家庭为基础逐步发展起来的。因此，在国家形成

夏代陶器

之后，各级贵族组织仍然要保持旧的血缘联系，严格区分姓氏。王室分封各部族，除保持它们的姓之外，又以封地建立新氏，大夫以邑为氏。在各级贵族之间，就以姓氏的区别建立了各自的宗族关系。这种宗族关系，虽然沿袭了旧的氏族的遗制，但在实际上是以父权家长制为核心，按其辈份高低和族属亲疏等关系来确定各级贵族的等级地位的。

夏朝社会已分化成奴隶和奴隶主两大对抗阶级。原来的氏族、部落首领转化为氏族贵族，他们拥有相当数量的男女奴隶，用于农业生产劳动的称"众"，用于家内劳动的称"臣""妾"。奴隶大部分来自战争的俘虏，夏族内也有一部分人沦为奴隶。"庶人"是有自由身份的平民。夏朝建立了国家机构，设立尹、牧正、庖正、车正等官职，管理各种"民事"。此外，为镇压人民反抗、维护奴隶主利益，夏朝建立了军队、设置了官职、制订了刑法、修建了监狱，国家机构初具规模。

夏朝的国家机构直接来源于部落联盟机构，其特征为：国家直接管辖的范围仅限于本氏族内部。超出夏族本部落之外，其他部落首领在自己的领地上，享有较为独立的管理权和统治权；对于夏王，他们则以臣服和纳贡的方式，表示其相互关系。在政权形式及管理制度方面，具有专制、民主二重性，表明了国家制度由氏族民主政体向君主政体过渡。

夏代陶器尊（上）、盆（下）

（三）夏朝的经济和文化

1. 夏朝农业的较大发展

夏朝的中心地区位于黄河中游，气候适宜，有利于农业的发展。当时的主要农作物是谷，谷也叫粟。主要的收割工具有石刀，二里头遗址出土的石刀正面呈梯形，上有两面对穿的圆孔，一面刃，样式很像后世北方掐谷穗用的"铁爪镰"。二里头遗址还出土了一些弯月形的石镰和蚌镰，这也是那个时候的主要收割工具，石镰和蚌镰不仅能收割谷穗，而且连谷物的杆也可以收回来，可见那时的农业已脱离了原始状态。当时翻地的工具主要是木耒和石铲。在二里头遗址的房基、灰坑和墓葬的壁土上能看出木耒留下的痕迹。古书上说，大禹"身执耒臿以为民先"。耒是木质的，从壁土上遗留的痕迹来看，它的形状大体是在木柄的一端分成双叉，主要用来掘土。石铲在二里头和洛阳锤李遗址的四期文化层（相当于二里头早期）中都有发现。锤李的石铲是磨制的，呈扁平状，上窄刃宽，两面刃，为了安装木把，在铲的中间还钻上孔。在黄土平原比较疏松的土地上，这种木耒和石铲就担负起了翻地掘土的主要任务。

农业生产的发展还表现在水井的使用上。水利的出现可能在夏代以前。在河北邯郸涧沟的龙山文化遗址中就发现过水井。到了夏代，水井的使用肯定比以前有所增多。在洛阳锤李、偃师二里头都发现了水井。水井的使用可以改变那种追逐水源、迁徙不定的生活，使人们有可能长期定居在一个地方，而定居生活又是农业发展的一个重要条件。水井还可以浇地，不

夏代陶罐

夏代陶器缸（右）、甗（左）、尊（下）

过，当时的条件不可能出现大面积的水浇地。这个时期出现了大型的陶制容器。例如在二里头遗址出土的大口尊、瓮以及大陶罐等，与龙山文化早期、中期的器物相比，它们确实成了庞然大物。这些大型器物，有一些应是贮存食物的用具。只有农业发展到一定程度，制作大型容器才成为必要。

在夏代，农业文明到了很高的程度，传说禹的大臣仪狄开始造酒，夏王少康又发明了秫酒的酿造方法。为了适应农业生产的需要，人们探索出农事季节的

夏代陶豆

规律，现代仍旧流行的、有时称为夏历的农历就是那个时代发明的。农业的发展为畜牧业发展提供了有利条件。有一大批奴隶从事畜牧工作，还有一些专门从事畜牧业的氏族部落。当时，饲养的主要牲畜是马、牛等。

2. 手工业的独立发展

在夏朝的生产和经济生活中，社会分工更加精细，手工业与农业已经基本分离，而且手工业内部也出现了铸铜、制陶、玉石器、骨角制作以及木器加工等专业分工，手工业生产开始出现了行业性结构和与之相适应的商品交换。在中原地区，制陶业依然是当时的主要手工业。陶窑在二里头（今河南偃师二里头村）、东下冯（今山西省夏县东北）和陶寺（今山西襄汾县陶寺村南）等地都有发现。从这些地方发现的窑室、制陶工具以及还没烧透的石灰石等表明制陶工艺已经达到很高水平。而在各地发现的大批陶器，如有做炊具的鼎、鬲、罐等；有做食器和容器的三足盘、深腹盆、平底盆和大口缸等；还有盛酒器爵、觚等。而且在不同的地方因为自然条件不同、生活习惯不一样，所发现的陶器也各不相同。此外，制陶业、青铜的冶炼、青铜器的制造，在夏代可能已经成为一个独立的极为重要的行业，这也说明当时手工业有了很大的发展。夏代中原地区手工业经济发展较快，与奴隶劳动有直接的关系。各种手工业作坊中从事专业技术生产的人，有很多是通过战争和交换获得的、有一定专业生产经验的奴隶，他们把本地区、本部落的经验带来，进行不同形式的交流，推动了中原手工业生产的发展。

3. 夏朝的历法

夏朝的文化，因为文献不足，导致我

古代青铜酒器

夏朝的政治、经济和文化

夏代陶器鬲（下）、花边罐（上）

们看不到它的全貌，但正如孔子所说："殷因于夏礼，所损益可知也；周因于殷礼，所损益可知也。"夏朝文化的发展，直接为商、周两朝文化的繁荣奠定了基础。农业生产与季节天象有着极为密切的关系，我国古代的天文历法知识，就是在农业生产的实践中不断积累起来、又直接为农业生产服务的。夏朝的历法，是我国最早的历法。

反映夏朝历法的《夏小正》，按月记录了时令物候，对农业生产的安排十分有利。后代的历法，从形式到内容，都承袭《夏小正》而加以发展。历代的历法都和《夏小正》有承袭关系。"夏历"是根据尧舜时代"观象授时"的原则，在观察天象的基础上形成的。它根据北斗七星斗柄旋转的规律，确定一年十二个月，以斗柄指向寅的正月为一年开始的第一个月，以建寅之月为岁首。夏朝时，已能依据北斗星旋转斗柄所指的方位来确定月份，夏历就是以斗柄指在正东偏北所谓"建寅"之月为岁首。《左传》中记载"夏数得天"，是说夏朝的历数比较正确地反映了天象。春秋鲁太史引《夏书》有"辰不案于房"的记载，就是说在某年某月朔日发生的一次日食。这次日食，现存《尚书》把它记在仲康

二里头文化玉器

时期的《胤征》篇中，近代学者有的推算在公元前2165年，有的推算在公元前1948年，虽相差颇远，但都公认为是世界上最早的日食记录。我国传统的干支记日法，也起源于夏，夏朝末期的帝王如孔甲、胤甲、履癸（桀）等，都用天干为名，说明当时用天干作为序数已经很普遍。

4. 二里头文化

1959年，在河南二里头村发现了夏代都城遗址。以此为核心命名为二里头文化，主要分布在河南西部和山西南部。由于两地遗存的文化面貌有一些差异，后者被称

二里头文化玉器

为东下冯类型。这里出土了大量石器、陶器、玉器等，其中小件铜器如刀、爵、铃等，是我国迄今所见最早的青铜器。二里头遗址共分四期，一、二期属石器、陶作坊、村落文化，三、四期属青铜和宫殿文化。二里头这个看似普通的村庄下，埋藏着中华民族的重大秘密：公元前19世纪至公元前16世纪，这里曾是中国第一个王朝的都城所在地，上演过夏的繁荣和夏商周三代王朝更替的壮阔史剧。约公元前3000年至公元前1500年这一千多年间，中国历史上发生了急剧动荡的社会大变革。这一变革可以用文明化、国家化或社

会复杂化来概括，作为中华文明最早阶段的夏商周三代王朝文明，即诞生肇始于这一时期。这一时期一个大的分水岭是公元前 2000 年前后。此时，数百年异彩纷呈的中原周边地区的各支考古学文化先后走向衰落；中国历史上首次出现了覆盖广大地域的核心文化，即以河南偃师二里头遗址为典型代表的二里头文化，在极短的时间内吸收了各地的文明因素，以中原文化为依托迅速崛起。二里头文化与后来的商周文明一道，构成华夏文明形成与发展的主流，确立了以礼乐文化为根本的华夏文明的基本特质。

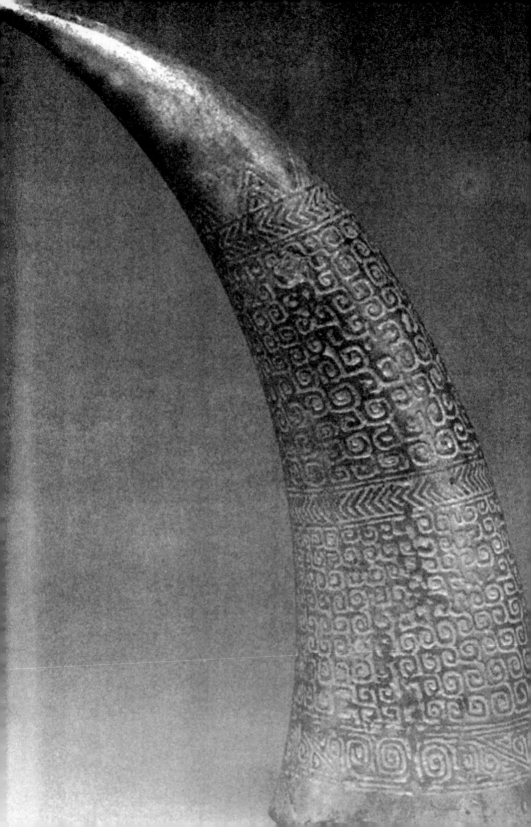

二　夏朝的灭亡及商王朝的建立

夏桀在位期间，内政不修，
外患不断

（一）夏朝的灭亡

夏建立后统治并不巩固，启在位的时代就发生了伯益叛乱。启死后，其子太康继位，太康好游乐田猎，不理政事。东夷首领羿赶走太康，夺得王位，史称"太康失国"。太康的弟弟仲康之孙少康长大，联合拥护夏的势力，得以复国，史称"少康中兴"。夏朝的统治这才得以巩固，进入了国势向上的相对稳定时期，政治稳定，经济繁荣。到夏代的第十三个国王孔甲执政，夏朝开始走向了衰亡。孔甲"好方鬼神，事淫乱"，引起人民的不满和诸侯的叛乱。夏朝的统治从此发生危机，孔甲之后，又传了三代，

夏代三足盆

王位传给了桀。桀是历史上有名的暴君，也是夏朝的末代之君。

夏桀又名癸、履癸，桀是商汤给他的谥号。桀是夏朝第十六代君主发的儿子，在位五十四年（公元前1653—公元前1600年）。履癸文武双全，赤手可以把铁钩拉直，但荒淫无度，暴虐无道。发在位时，各方诸侯已经不来朝贺了，夏王室不理政事，阶级矛盾日趋尖锐，外患不断。夏朝进一步衰落。桀继位时，延续了四百多年的夏朝，更是德政衰败，民不聊生，危机四伏。但夏桀不思改革，骄奢自恣，穷兵黩武，大兴土木，沉湎酒色。他花巨资"筑倾宫、饰瑶台、作

商汤像

琼室、立玉门"。还从各地搜寻美女，藏于后宫，日夜饮酒作乐。桀的残暴和荒淫无道使人民痛苦异常，却敢怒而不敢言。夏桀还认为他的统治永远不会灭亡。他说："天上有太阳，正像我有百姓一样，太阳会灭亡吗？太阳灭亡，我才会灭亡。"夏的臣民指着太阳咒骂夏桀说："你这个可恶的太阳，你什么时候灭亡，我情愿与你同归于尽。"同时，四方的诸侯也多背叛，夏朝面临内外交困的局面。他还召集所属各部首领开会，准备发动讨伐其他部落的战争。桀日益失去人心，弄得众叛亲离。

这时候，商部落在汤的领导下日益兴旺了起来。桀担心商汤会危及自己，就借故将他囚禁在夏台（今河南省禹县境内）。不久，汤设计使桀释放了自己。后来，商汤在名相伊尹谋划下，起兵伐桀，桀得到消息，带兵赶到鸣条。两军交战，夏军将士原本就不愿为桀卖命，乘机纷纷逃散。夏桀逃到南巢（今安徽巢县）。后又被汤追上俘获，放逐在此，最后被饿死。

长达近五百年的夏王朝结束了。夏王朝是一个古老的王朝，虽然距我们已经四千年，但关于夏的一些传说至今还广为流传，由此可见其对后世的深远影响。夏作为上古三代的开始，为华夏文明的发展打下了良好的基础，可以说，没有夏朝就没有此后中华民族三千多年光辉灿烂的文明历史。

（二）商王朝的建立

1. 商汤建国

商族是黄河下游地区东夷族的一支，其始祖为契。从契至汤，历经十四世。这期间商族曾有过八次迁徙。今河南北部、河北南部和山东西部一带，是商族早期活动的主要区域。当禹建立夏朝的时候，商族刚刚进入到父系氏族阶段，到商汤作部族首领时，刚好处于夏朝的最后一个国王

商族是黄河下游地区少数民族的一支

夏朝的灭亡及商王朝的建立

殷墟甲骨文

桀统治时期。夏桀统治黑暗，不理政事，骄侈淫逸。夏朝百姓对桀的统治深恶痛绝，夏统治集团内部也分崩离析，矛盾重重。面对夏桀的暴政，商族首领汤采取"宽以待民"的政治策略，笼络民心，扩大自己的影响，遇到哪个方国有灾有难，就主动救济，并积极网罗人才，收集有关夏桀政权的情报信息，为进一步消灭夏朝做积极的准备。

夏桀看到商族一天天壮大起来，汤的政治影响力与日俱增，已严重威胁到了自己的统治，心中十分害怕，就听信佞臣赵梁的计谋，假意召汤入朝，趁机将他囚禁在夏台。商汤被夏桀囚禁后群龙无首，商部族灭夏大业受到了严重影响。无奈商部族在伊尹的主持下，在国内搜罗到许多美女、珠宝进献给夏桀，又暗中重金贿赂赵梁，使贪财的赵梁在桀面前为汤开脱，最后夏桀听信了赵梁之言，竟然放了商汤。商汤被放回以后，坚定了灭夏决心，加力准备灭夏战争。他首先灭掉了与夏关系密切的韦、顾、昆吾诸小国，在力量准备充足以后，于公元前1600年领导了灭夏战争。在商军出征以前，商汤进行了誓师动员，历数夏桀的罪行，说明自己出兵灭夏是替天行道，号召部众勇敢作战，一举消灭

夏桀的黑暗统治。誓师以后商军战旗猎猎、军容齐整，士气高昂地向夏朝都城进发，商汤手把大斧，坐在战车上，指挥三军。此时的夏桀再也顾不上寻欢作乐，连夜调集军队，设下几道防线，阻止商军的进攻。然而夏桀的统治十分不得人心，军队纪律涣散，又指挥不力，两军交战，夏军很快就被击溃。夏桀见势不妙，就带着残兵败将逃到了鸣条，双方军队在鸣条进行了决战，结果商军获得全胜，桀带着几名护从狼狈逃出战场，后来死在了安徽巢县，夏王朝宣告灭亡。

商汤灭夏以后，建都于亳，自称武王，

商代玉跪人

并进一步营建其奴隶制文明大国。开始向黄河中上游地区发展，统治范围以今河南中部为中心，东至海，西至今陕西，北达今河北，南抵今湖北、湖南一带，堪称"邦畿千里"的奴隶制大国。商朝建立后，维持了一个时期的稳定局面，后因王位继承问题，贵族内部发生了长期而又激烈的争权斗争。

2. 盘庚迁都

商汤建国时的国都在亳（今河南商丘）。在之后三百年当中，都城一共搬迁了五次。这是因为王族内部经常争夺王位，发生内乱，再加上黄河下游常常闹水灾，所以数度搬迁。商王太甲死后，王室内部因争夺王权而发生激烈冲突。因此，统治者无心理政，国力也大受削弱。这一时期商朝的阶级矛盾相当尖锐，加上水旱灾害严重，使商朝统治岌岌可危。

盘庚即位后，将国都迁到殷（今河南安阳市郊）。盘庚是商汤的第九代孙，商朝的第十九代王。盘庚是个能干的君主，他为了改变当时社会不安定的局面，决心再一次迁都。但大多数贵族贪图安逸，都不愿意搬迁。一部分有势力的贵族还煽动平民起来反对，闹得很厉害。盘庚面对强大的反对势力，并没有动摇

商代后母辛铜觥

迁都的决心。他把反对迁都的贵族找来，耐心地劝说他们："我要你们搬迁，是为了想安定我们的国家。你们不但不谅解我的苦心，反而发生无谓的惊慌。你们想要改变我的主意，这是办不到的。"由于盘庚坚持迁都的主张，挫败了反对势力，终于带着平民和奴隶，渡过黄河，搬迁到殷（今河南安阳小屯村）。在那里整顿商朝的政治，使衰落的商朝出现了复兴的局面，所以商朝又称作殷商或者殷朝。盘庚迁殷是商朝历史上的重大事件，盘庚迁都，稳定了商朝的社会形势，使经济得到恢复和发展。首先，因为殷地的土地肥沃，自然灾害少，有利于农

河南安阳小屯殷墟博物苑

业发展；其次，到了殷后，一切从头开始，奴隶主贵族不能过于贪图享乐，使阶级矛盾相对缓和一些；再次，迁都后，避免反叛势力，它扭转了商朝一度出现的"九世之乱"局面，相对安全，政治比较稳定，增强了商王室的统治力量，为商朝的新发展打下了基础。社会经济文化也取得了很大发展。盘庚迁都，再次复兴了商朝，使商朝在我国文化发展史上绽放出灿烂夺目的光彩，也使商朝成为世界上的文明大国，盘庚迁殷是商朝历史的转折点。从此以后，直到商朝灭亡，商朝的都城再也没有迁徙。

三　商朝的发展和衰落

（一）商朝的奴隶制度

1. 商朝政治制度的建立

商王是国家的最高统治者，占有全国的土地和臣民，对全国臣民操生杀予夺之权，具有至高无上的地位。商王下面有重要的辅佐功臣，协助商王处理政务。商王朝的官职有中朝任职的内服官和被封于王畿以外的外服官之别。内服官中又分外廷政务官和内廷事务官。最高的政务官，是协助商王决策的"相"，又称"阿""保""尹"。王朝高级官吏统称卿士。三公，则是因人而设的一种尊贵职称、并不常设。另外有：掌占卜、

甲骨文——涂朱卜骨刻辞

祭祀、记载的史，掌占卜的卜，掌祈祷
鬼神的祝，掌记载和保管典籍的作册（又
称守藏史、内史），武官之长的师长，乐
工之长的太师、少师。内廷事务官是专
为王室服务的官员，主要是总管的宰和
亲信的臣。臣管理王室各项具体事务，
有百工之长的司工，掌粮食收藏的啬，
掌畜牧的牧正，掌狩猎的兽正，掌酒的

甲骨文——祭祀狩猎涂朱牛骨背

殷商祭祀坑内的大量龟甲片

甲骨卜辞

酒正,掌王车的车正,为商王御车的服（又称仆、御），侍卫武官亚，卫士亚旅，掌教育贵族子弟的国老，掌外地籍田的畋老，分管政务、军事、经济等。外服官主要有方国首领的侯、伯，有为王朝服役的男，有守卫边境的卫，是中央控制地方的一种制度；侯、伯、男、卫四服，是地方向中央必须履行的几种服役制度，既是一种地方行政区划，又是一种经济剥削关系。在商王朝控制的区域内，分布着许多邑，邑是商代社会的基层组织。商王朝还把其统治地区分为畿内和畿外两大部分。畿内是商王室直接统治的地区，畿外是众多方国分布的地区。为了对外征伐和对内镇压，商王朝建立了庞大的军队。国家还设有监狱和残酷的刑罚。商朝的政治理念是神权观念笼罩下的政治思想，商代统治者"尚鬼""尊神"。所奉行的最高政治原则，就是依据上帝鬼神的意志治理国家。

2. 商朝残酷的刑法

商朝建立后，为了镇压人民对奴隶主统治的不满，统治者建立了严酷的刑法。历史上称为"汤刑"，不是指商汤制定的刑法，而是商朝刑法的总称。其中典型的有：劓殄，商朝的一种刑罚。

劓是割的意思，可理解为割断，殄为绝的意思，即斩尽杀绝，把犯罪者连同其子孙后代都斩尽杀绝；炮烙，商朝的酷刑。即在铜柱上加上油脂，铜柱下燃起木炭，令有罪者在柱上走，因铜柱既滑又热，会使有罪者从铜柱上掉下，落入木炭中烧死。相传商纣王为了博妲己一笑而使用此刑罚手段处罚罪犯；醢，商纣王时的一种酷刑，即把人剁成肉酱。相传在商朝末期，九侯有一个漂亮的女儿，"入之纣"，但九侯的女儿不喜淫，纣王发怒，就把她杀了。九侯因此受牵连，被纣王处以死刑，行刑后被剁成肉酱；脯，商纣王时的一种酷刑，即把人杀死晾成

殷墟出土的商代马车

商朝的发展和衰落

肉干。在商朝末期，商纣王醢九侯之后，鄂侯因对九侯案不满而与纣王发生争辩，被纣王处以死刑，行刑后被晒成肉干。

3. 人牲和殉葬

人牲是用活人来祭祀祖先（人鬼）、神灵或自然界万物；人殉是用活人来为死去的氏族首领、家长、奴隶主或封建主殉葬。主要流行于原始社会末期到奴隶制社会的整个历史时期中。商人相信人死以后，灵魂生活在另一个世界里，墓葬是墓主在另一个世界的居所，一切按照"事死如事生，事亡如事存"的礼制办事。奴隶主贵族死后，都用奴隶为之殉葬，以供其死后

殷墟王陵遗址祭祀坑

奴役驱使。中国的殉葬制度，根据考古发现，最早始于殷商时期。甘肃武威皇娘娘台遗址、永靖秦魏家遗址的齐家文化氏族公共墓地中，都曾发现女子为男子殉葬的合葬墓。考古学界公认这是中国已知最早的杀妻（妾）殉葬墓。河北邯郸涧沟、河南洛阳王湾、陕西沣西客省庄的龙山文化遗址中，发现有砍伤痕迹的人头骨，还有多具骨架叠压于废坑中，或身首分离，或作挣扎状，或人畜同埋。这些非正常死亡的人中间，有一部分应是用于祭祀的俘虏。把人殉和人牲作为一种制度并广泛流行，是在商代奴隶制国家出现以后。商代早期的偃师二里头遗址、中期的郑州商代遗址、直到盘庚迁殷以后的安阳殷墟，都有具体的实例。大体说来，人殉和人牲在商代早、中期就很普遍，但用人数量较少，盘庚迁殷以后盛行，用人数量发展到惊人的程度。据甲骨文记载，商朝奴隶主用奴隶祭祀，数目最多的一次杀了两千六百五十六人，而在殷墟商王墓发掘的殉葬奴隶，多达四百余人。

在河南安阳发掘的奴隶主墓葬中，一般都有几人、几十个人殉葬，有的大墓中有二三百人殉葬。有的骨架旁放着刀剑，是武士奴隶；有的骨架旁摆着车马，是驾车奴隶；有的骨架残存有狗骨，是

殷墟殉葬坑

殷商王墓司母戊鼎

养狗奴隶；有的骨架旁没有头骨，头骨在另一边，是被杀后殉葬的奴隶；有的骨架上手骨还被反绑在背后，并有明显的挣扎痕迹，是被活埋殉葬的奴隶。人牲和殉葬反映了奴隶制的残暴和奴隶生活的悲惨。

（二）商朝的社会经济

1. 商朝的农业

商代最重要的社会生产部门是农业，在农业生产中采用的制度是井田制。农业经济的主要生产方式是较大规模的奴隶集体劳动。自由民虽然人数不少，但由于受到土地、农具的限制，又要随时受到国家的调遣与征发，并且无力抗拒自然灾害的袭击，所以分散的、小规模的私田经营收获很少，生产力相当低下。随着石器和骨角器制作技术的提高，农业生产工具种类和数量都显著增加了。在此基础上，耕作技术也得到了逐步的改进。但商朝前期的耕作技术还比较粗放，处于耜耕农业的第一阶段，即一块土地连续耕种几年后便抛荒休耕了，等若干年后再重新种这块土地。如果一个地区的土地都已轮流耕种过，地力已表现出耗竭的迹象，即举行一定规模的迁徙。这种农业生产方式便是盘庚以前

多次迁都的重要原因。盘庚迁殷后，开始
懂得轮流休耕方法，一块土地耕种一年，
然后休耕一至两年以保持地力，再继续
耕种。从此耜耕农业进入了一个新阶段，
从定都在殷开始，人们不必再大规模地
迁徙了。

　　根据考古发现和甲骨文、金文的记
述，商代的粮食种类主要有粟（小米）、
黍（黏黄米）、稷（黄米）、麦、稻等，
此外还种植较多的桑、麻和一些瓜果蔬菜。
粮食产量的增加，为大量的酿酒提供了条
件，这就使得从龙山文化时期出现的饮酒
风气，成为商代奴隶主贵族追求享受的盛
事。许多商代的遗址都曾出土各种各样的
酒器。

甲骨文中有关于当时农业生
产情况的记载

由于农业生产的收获直接关系到国家经济的发展和王室财富的盈亏，所以商王和贵族集团都十分重视农业。甲骨文中经常记载着商王和宗室贵族为农业生产的各个环节而占卜、祈祷的活动。各代商王还多次亲自外出巡视，或传呼臣下督促查看各地农业生产情况。卜辞中多次出现求禾、求黍、求麦、求雨、省黍、观籍、相田的记录，可见农业生产这一重要的部门是受到高度重视的。

2. 商朝的畜牧业

随着农业的发展，畜牧业也在家畜饲养的基础上日渐繁盛。马、牛、羊、狗、猪的数量比夏代有了巨大的增长。在各地发现的商代墓葬和遗址中，往往有数量较多的马、牛和羊。商代的黄河流域，人们已经掌握了服牛驾马的技术，王室和贵族成员的墓葬中常见羊、猪、狗做祭祀时的牺牲，墓葬旁还有规模较大的车马坑。据文献记载，贵族们常宰杀数十头甚至数百头牲畜来祭祀天地、祖宗和神灵。河南辉县琉璃阁商代中、晚期墓群中，40％以上的墓中有殉犬，最多的三只；殷墟的一些大墓附近都有车马坑，坑内多埋一人二马；安阳西北冈的祭祀坑，埋葬动物最多的是马，也有许多狗、猪、牛、羊和其他动物。在畜牧业比较发达的地区，采集和渔猎只作为农业生产的一种补充活动，只是在一些边鄙地区，还有一定数量的氏族部落主要依靠渔猎生产维持生活。

殷墟车马祭祀坑

3.兴旺发达的手工业

商代的手工业是在农业经济发展的基础上得到很快发展的。陶器制造、青铜器冶铸、丝麻纺织、骨角器制作、玉石雕琢、竹木器和漆器的生产、土木营建技术等都比夏代有了更大的进步。手工业经济的发展促进了社会的分工，一些新兴的社会力量开始产生。黄河流域青铜文化的高度发展，对周围地区产生了巨大的影响，东方沿海一些经济比较发达地区的先进生产技术在各地得到了广泛传播。商代成为中国奴隶制经济的鼎盛时期。

商代的制陶业很发达，除大量生产一般的灰陶器外，也生产一些红陶、黑陶和少量精美的白陶。在商代遗址中多次发现质地坚硬细腻、刻纹美观规整的白陶，这些质量很高的白陶和青铜器同样贵重。殷墟出土的白陶，有壶、簋、豆、瓿、斝、尊、觯、带盖罐和罍等，普遍装饰着乳丁纹、蕉叶纹、云雷纹，十分精美。商代王室的制陶作坊规模很大，也有一些贵族的制陶作坊主要从事制作商品陶器。在郑州铭功路西侧发掘的一处属商代的作坊，有十四座陶窑，清理出大约几十万件陶器的残片，其品种主要是盆、瓿之类。这种大规模、品种单调的生产，不仅是为了奴隶主本身的需要，而且有相当多的产品是向外出售的商品。在吴城（今江西樟树市）遗址发现的制陶基地，一些陶窑内堆积着许多釉陶罐、尊和印纹硬陶器皿。这种地域性的土特产品，成为当时交换的重要货物。

东方文化的瑰宝——商代青铜器。商代手工业的发展，最突出的是青铜器

商代青铜器

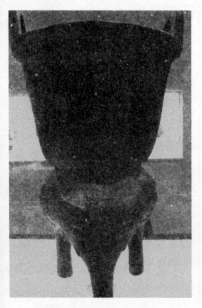

商代青铜鼎

冶铸业所取得的成就。商朝的青铜铸造
工艺水平已达到相当纯熟的地步。在各
种官营的手工业作坊里，工匠们能制造
出各种精美的青铜器皿和实用的生产工
具、武器。考古发现的商代青铜作坊，
其面积有数万平方米的，也有十余万平
方米的。作坊遗址内出土了为数可观的
陶范、坩埚块、木炭、铜锭、铜渣、小
件青铜器，以及与铸造有关的其他遗存。
这些作坊遗址的发现，说明商王室与诸
侯所用的青铜器，主要是当地生产的。
陕西汉中地区城固县发现的商代铜器窖

商代青铜兽面纹罍

藏，出土了四百多件青铜礼器和兵器等，其中四件青铜尊的肩部有三个牛头突饰，最大的高44.5厘米。一件兽面具为牛头形，为其他地区所不见，是当地铸造的极富特色的作品。在河南偃师二里头、郑州二里岗和南关外、郑州北郊紫荆山，以及安阳殷墟等地，都发现了商代各个时期的铸铜作坊。这些遗址的现象还表明，当时的青铜冶铸手工业中已经出现了专业技术的分工。殷墟出土的著名司母戊大方鼎，形制雄伟，是商代后期青铜器的杰作，反映了当时铸造技术的高超水平。殷墟妇好墓出土的五件铜编钟，制作精美，可构成四声音阶序列，铸造工艺的难度很大。这些青铜器的制造，如果没有专业技术的分工是很难想象的。

司母戊方鼎和四羊方尊是商代青铜精品。司母戊鼎是中国商代后期（约公元前16世纪至公元前11世纪）王室祭祀用的青铜方鼎，1939年3月19日在河南省安阳市武官村一家农地中出土，因其腹部著有"司母戊"三字而得名，是中国目前已发现的最重的青铜器，该鼎是商王祖庚或祖甲为祭祀其母所铸。司母戊鼎器型高大厚重，又称司母戊大方鼎，重875千克，通高133厘米，口长110厘米，宽78厘米，壁厚6厘米。据考证，司母戊鼎应是商王室重器，其造型、纹饰、工艺均达到了极高的水平，是商代青铜文化顶峰时期的代表作。

在中国古代的青铜器中，有不少器物以其独特的造型而引人注目，1938年在湖南宁乡县黄村月山出土的四羊方尊造型以动静结合，寓雄奇于秀美之间，可谓巧夺天工。这个用于祭祀的礼器，是中国现存商代青铜器中最大的方尊，高58.3厘米，重近34.5公斤，加上它独一无二的造型，被列入文物精

殷墟司母戊鼎

商朝的发展和衰落

商代早期青铜礼器

品之宝库。

商代的青铜器制造业，虽然主要从事兵器和礼器的生产，同时也制作一些如铜镜、酒器、装饰品等供贵族和平民使用的生活用品。此外，还以部分青铜制造砍伐、刮削、雕刻等生产劳动中使用的小型工具和斧、锛、凿、刀、锯、锥、钻等手工工具。这些青铜工具的应用，对土地森林的开发，对木器、石器、骨角器等产品的制作起到了积极的作用，是先进生产力的体现，也是促进社会生产发展的重要因素。不过，由于当时青铜器的原料来之不易，冶炼和铸造也要耗费大量人力物力，所以青铜工具的生产还不多，青铜农具则更少。

纺织业是商代手工业生产中的一项重要内容，与农业经济有直接的密切关系。农业生产的发展促进了养蚕业和纺织业。甲骨文中已多次发现桑、丝、帛、屯（一段卷起的纺织品）等字。商代的墓葬中还发现了玉蚕、青铜器上也有蚕的纹饰。由于纺织品不易保存，所以商代的丝麻织物很难发现实物遗存，但上述情况已清楚表明当时纺织业发展的程度。在安阳殷墟发掘的一些中小型墓葬中，有一些规模相对较大、有棺有椁的墓，在棺椁上面常发现有席子或以彩绘的画幔一类织物覆盖的痕迹。河北藁城台西村的商代中晚期遗址中，一些墓葬的随葬青铜器上粘有纺织品的痕迹，其中有纨、纱、绫罗、縠等。另外，在居住址中还发现了一些已经断裂的麻布残片，经鉴定可以确认为大麻纤维。这些麻布是平纹组织，同西汉时期湖南长沙马王堆墓葬出土的麻布非常接近，可见商代丝麻纺织技术是相当高的，纺织品在社会经济生活中占有越来越重要的地位。

骨器制作，与制造石器一样，是人类最古老的一种手工业劳动。在金属工具和

犀牛右上颌骨

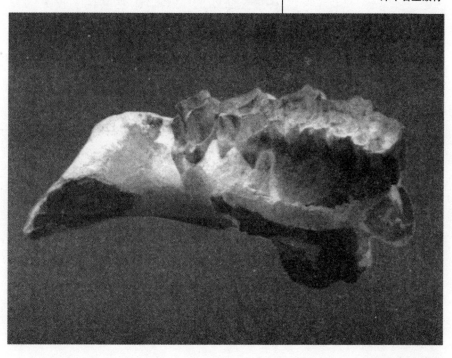

犀牛左下颌骨

器物还很稀少的商代，制骨业比夏代以前更为发达。规模较大的制骨作坊，成为奴隶集中劳动的重要部门，工艺技术已达到十分成熟的地步。在郑州商代遗址，在一座房基旁的窖穴中出土了不少骨料、骨制品和磨制加工骨器的砺石等遗物。骨料上都带有锯割的痕迹，骨制品主要是镞、簪的半成品和成品。引人注意的是，在出土的骨料中除了牛、鹿等动物的肢骨外，人的肢骨占了总数的一半。这个现象表明，商代的奴隶制度是很严酷的，人牲、人殉和以人骨为制器原料，都说明了奴隶命运的悲惨。

　　商朝的玉器制造业也有了较大的发展。玉器制造靠着充分吸收各地的先进经验，特别是东部沿海地区良渚文化的工艺技术而发展起来了，因此，中原一带发现的商代玉器，往往带有东方一些部族传统的特点。商代早期的河南偃师二里头遗址，历年来出土了许多玉器，有圭、戈、刀、铲、板、柄形器等，造型与纹饰的设计合理美观，雕琢的线条清晰流畅，工艺相当精巧，同新石器时代晚期和夏代的玉器相比，技术有了明显的进展。商中期以后，玉器大量增加，郑州商城、湖北黄陂盘龙城、北京平谷刘家河商

妇好墓圆雕蟠龙

墓等都出土过精美的玉器。到商代晚期的殷墟，出土的玉器已达到数量最多、形制最多、工艺最精的水平。其中妇好墓出土玉器达七百多件，这些玉器形制规矩匀称，花纹线条流畅，制作难度很大。妇好墓中还出土了十多件玉雕人像和人头像，运用写实手法，把不同阶层、不同性别的人物及其服饰、发饰都作了细腻的刻画，不仅具有一定艺术价值，而且对研究人种和他们的社会生活也有重要的参考意义。

4. 商业的兴起

在农业和手工业生产发展的基础上，在各个生产部门内部分工日趋巩固和日益复杂的情况下，商代的商业也有一定程度的发展。在周灭商后，据周公说在殷民中有一部分人是"肇牵车牛远服贾，用孝养厥父母"。这些人就是从事长途贩运贸易活动的商贾。在殷都和其他重要城邑的贵族们，在日常生活中所需用的一些比较珍贵的物品，如龟、贝、玉、珠宝、青铜、皮毛、齿革、丝帛等等，除在专有作坊役使奴隶自行生产之外，还有许多必须来自外地。其中有一部分由各地贡献，也有不少是通过交换得来的商品。这些商品，主

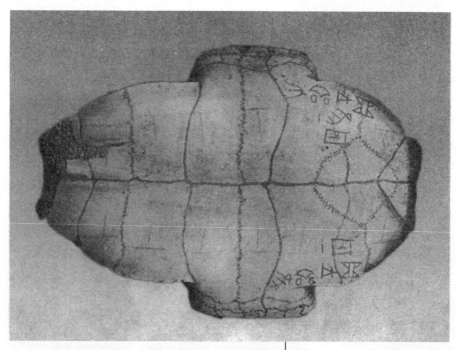

商代甲骨卜辞

要由一些专业的商贾从事贩运，这样就促进了商业的发展。

（三）商朝的历法与科学艺术

1. 商朝的历法

在商代甲骨卜辞中保存着当时的历法《殷历》，它在夏历的基础上，已趋于完备。商人已会观察天象而定历法。在甲骨卜辞中已有日食、月食和星辰的记载，这是世界上最早的天文学的宝贵资料。由于农业生产的需要，商代已经有了比较完备的历法。根据甲骨卜辞的记录可以看出，当时月有大小，大月三十

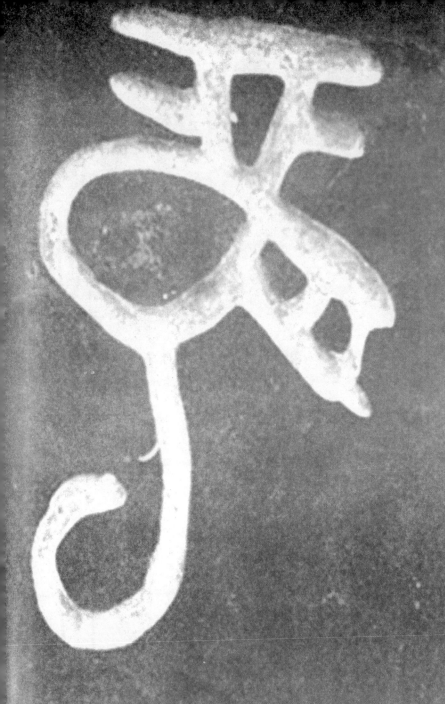

商　甲骨文

商　甲骨文

天，小月二十九天，一年为十二个月，因十二个大小月加起来只有三百五十四或三百五十五天，所以采用闰月来调整一年的天数，使一年中的四季变化能出现在一定的时间内。这个闰月，在早期卜辞中是放在应当置闰那年最后的一个月即十二月之后，所以叫"十三月"。这在历法上叫做"年终置闰"法。在晚期的卜辞中，闰月就放在应置闰那一年的某一月，如闰五月，那年当中就有两个五月，这在历法上叫做"年中置闰"法。这种历法，既不是根据太阳运动所测得的一年为基础的阳历，也不是以月亮圆缺为一个记日周期，即朔望月为基础的

牛首兽面青铜器

纯阴历，而是"以闰（月）定四为成岁"的阴阳合历。

由于农业生产的需要，也有可能在商代只有春种、秋收两段时间的划分，所以就用春秋二字来代表一年的时间。商代的记日方法是用十个天干和十二个地支字相配合来表示，即从甲配子（甲子）到癸配亥（癸亥），配完刚好是六十个。甲骨文中有一些干支表，不是卜辞，而是备用的"历书"，可能是当时的史官在占卜时刻查日期用的。用干支来记日的方法在商代以前就已经有了，在我国一直使用到近代。

甲骨文干支表拓片

2. 商朝的科学与艺术

商朝科学文化已经取得很大成就，在数学方面，商代甲骨文中有大至三万的数字，明确的十进制，奇数、偶数和倍数的概念，有了初步的计算能力。光学知识在很早就得到应用，商代出土的微凸面镜，能在较小的镜面上照出整个人面。

在艺术方面，自商代起，中国音乐进入了信史时代。民间的音乐和宫廷的音乐，都有长足的进步。由于农、牧、手工业的发展，青铜冶铸达到了很高的水平，从而使乐器的制作水平飞跃，大量精美豪华的乐器出现了。乐舞是宫廷音

甲骨文

乐的主要形式。可考证的有《桑林》《大护》，相传为商汤的乐舞，为大臣伊尹所作。从事音乐专业工作的，主要有"巫"、音乐奴隶和"瞽"三种人。有关商朝的民间音乐的材料很少，《周易·归妹上六》和《周易·屯六二》就是商代的民歌。商代甲骨文兼有象形、会意、形声、假借、指事等多种造字和用字方法，已经是成熟的文字。在出土的甲骨卜辞中，总共发现有四千六百七十二字，学者认识的已有一千零七十二字。甲骨文因刻写材料坚硬，故字体为方形。而同时的金文，因系铸造，故字体为圆形。

（四）商朝的覆灭

1. 商朝奴隶的悲惨境遇

　　商朝是一个比较发达的奴隶社会。特别是盘庚迁殷以后，商达到了奴隶制的兴盛时期。奴隶社会的主要矛盾，是奴隶和奴隶主的矛盾。商王是奴隶主阶级的总代表，也是最大的奴隶主。商王统管着各级大小奴隶主贵族，并把奴隶和土地分配给他们享用。商朝奴隶名目繁多，被投入各种社会生产和生活领域，是创造财富和文化的基本阶级。但是，他们在政治经济和社会生活上，都没有任何地位。在商朝奴

殷墟祭祀坑

隶主贵族的心目中，奴隶被看做比牛马还贱的财产，因而可以由他们任意处置。许多奴隶不是被折磨死，就是惨遭杀害。商朝的奴隶大多数都有家室，不少奴隶还保留着聚族而居的形式，他们世世代代都要充当奴隶，不仅本身受尽奴隶主的压榨欺凌，还要为奴隶主繁殖下一代的奴隶，充当生育奴隶的工具。

商朝的农业奴隶称为"众人"，表示人数众多的意思。在劳动中，他们受到商王和各级奴隶主的严密监督，没有任何自由。"众人"除了主要担负农业生产劳动外，还被迫从事狩猎、修路、建

殷墟出土的商代马车

筑等繁重的苦役。在当时的频繁战争中，"众人"还常被征发来当徒兵，服军事苦役。在商代奴隶主阶级的社会生活领域里，也广泛使用奴隶。这种奴隶称为"臣"，女性的奴隶则称为"妾"。臣妾是属于奴隶主的私有财产，可以由奴隶主拿来赏赐、赠送或交换，不受任何约束，就是把臣妾杀掉，也不算犯罪。奴隶社会是奴隶主的天堂，广大奴隶的地狱。奴隶的辛勤劳动为奴隶主贵族创造了大批物质财富和精神财富，而他们本身却被剥夺了一切财富和权利，甚至连生命都得不到保障，奴隶主不但强迫奴隶在极端恶劣的条件下进行各种繁重的劳动，还把他们当做牲畜一样任意屠杀。商王和奴隶主在祭祀祖先和神灵时，经常屠杀大量奴隶做供品，叫做"人祭"。奴隶主死了，还要把奴隶杀死或活埋来陪葬，叫做"人殉"。奴隶主的残暴统治使奴隶不断以各种方式反抗。到商代末年，终于发生了大规模的奴隶暴动，导致了商王朝的灭亡。

殷墟一景

2. 统治集团内部的矛盾

商代中叶以后，统治集团内部的矛盾开始加剧，特别是祖甲以后，王权与贵族权势的斗争日益激烈。这种矛盾，到商纣王时发展到顶点。如贵族微子、箕子、比干等人同纣对立，反映了商王室同贵族之间的矛盾。而奴隶群众反抗奴隶主贵族的斗争，一直没有停息。奴隶逃亡，是反抗斗争的主要方式。奴隶逃亡现象的日益严重，加重了统治阶级内部的混乱现象。在当时的劳动生产者中，平民也占有较大的比重。在奴隶制国家和各级贵族的压榨之下，他们不是破产负债，就是触犯了法网，随时都有被罚为奴隶的危险。特别是在武丁、祖甲以后，更加重了对一般"小人"的迫害，激起了他们的反抗斗争，使得统治者难以长久在位，在位时间一般都不超过十年。在统治危机日益严重的形势下，

商代青铜斝

各地诸侯纷纷叛离，周边各部也乘机内侵。为了转移人民群众和一部分贵族的视线，商王纣决定对周边各部用兵。纣王先集中兵力向黄土高原上的西北各部展开进攻，接着就回师东向，全力进攻东夷。东夷各部虽被平定了，但是损耗了大量的人力物力，又加剧了人民群众的反抗斗争，正所谓"纣克东夷，而殒其身"（《左传·昭公十一年》）。穷兵黩武的结果，只是招致了自己的灭亡。商王朝由汤开始建立，到纣灭亡，一共传了十七代、三十王，存在了大约六百年左右。

四　殷墟与甲骨文

（一）殷墟的发现

殷墟指商代后期都城遗址，在今河南安阳小屯村及其周围，位于河南省安阳市洹水两岸，是中国第一个有文献记载并为甲骨文和考古发掘所证实的商代都城遗址。商代从盘庚到帝辛（纣），在此建都达二百七十三年，是中国历史上可以肯定确切位置的最早的都城。1899年在此发现占卜用的甲骨刻辞。从1928年10月13日考古发掘至今，先后发现宫殿、作坊、陵墓等遗迹及大量生产工具、生活用具、礼乐器和甲骨等遗物，总面积24平方公里以上。现存有宫殿宗庙区、王陵区

河南殷墟博物苑

殷墟王陵遗址

和众多族邑聚落遗址、家族墓地群、甲骨窖穴、铸铜遗址、制玉作坊、制骨作坊等众多遗迹，是中国历史上第一个有文献可考、并为甲骨文和考古发掘所证实的古代都城遗址，距今已有三千三百年的历史。从 1928 年由中国学术机构独立主持考古发掘开始，在殷墟先后发现了一百一十多座商代宫殿宗庙建筑基址、十二座王陵大墓、洹北商城遗址、两千五百多座祭祀坑和众多的族邑聚落遗址、家族墓地群、手工业作坊遗址、甲骨窖穴等，出土了数量惊人的刻有文字的龟甲兽骨、青铜器、玉器、陶器、骨器等精美文物，全面、系统地展现出三千三百年前中国商代都城的风貌，为这一重要的历史阶段提供了有力的证据。殷墟在中华文明乃至人类文明中具有独特贡献和地位。

（二）甲骨文

甲骨文是中国的一种古代文字，被认为是现代汉字的早期形式，也是现存中国最古老的一种成熟文字。甲骨文又

百龙谱甲骨文

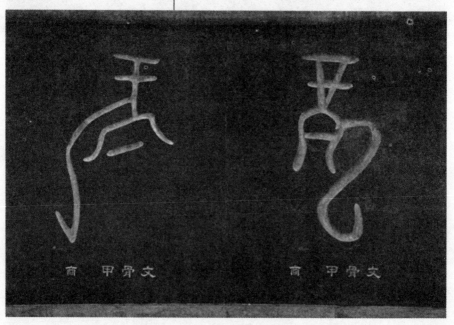

河南殷墟出土的甲骨文

称契文、龟甲文或龟甲兽骨文。甲骨文是一种很重要的古汉字资料。绝大部分甲骨文发现于殷墟。其内容大部分是殷商王室占卜的纪录。商朝的人皆迷信鬼神，大事小事都要卜问，占卜的内容有天气晴雨、农作收成、病痛、求子、打猎、作战、祭祀等。从甲骨文的内容可以隐约了解商朝人的生活情形，也可以得知商朝历史发展的状况。目前发现有大约十五万片甲骨，四千五百多个单字。这些甲骨文所记载的内容极为丰富，涉及到商代社会生活的诸多方面，不仅包括政治、军事、文化、社会习俗等内容，而且涉及天文、历法、医药等科学技术。甲骨文献

甲骨文

的内容涉及当时天文、历法、气象、地理、方国、世系、家族、人物、官职、征伐、刑狱、农业、畜牧、田猎、交通、宗教、祭祀、疾病、生育、灾祸等，是研究中国古代特别是商代社会历史、文化、语言文字的极其珍贵的第一手资料。

五　西周的建立

（一）文王治岐

周是活动于中原西部黄土高原的一个古老部落。周人的始祖传说是"后稷"。古公亶父时，迁到岐山南边的周原（今陕西岐山县）定居下来，逐渐发展成一个新兴势力，自称为"周"。"古公"的幼子季历继位后，修行道义，发展生产，驱逐夷狄，力量更为强大，与商发生矛盾。商王文丁派人将季历杀死，季历的儿子姬昌继位，即著名的周文王。文王是很有作为的创业主，他勤于政事，仁慈爱民，重视农业生产，礼贤下士，广罗人才，拜姜尚为师，使得"天下三分，其二归

周文王像

周"。文王在位时，周以商朝的一个"方伯"身份出现，因为周位于商的西方，所以文王被称为西伯。周表面上臣服于商朝，暗中却积极准备灭商。文王分化瓦解商朝的附庸，发展与各诸侯的友好关系，并成功调节了虞、芮两国的纠纷，使河东小国纷纷归附，各诸侯把周文王看做取代商纣的"受命之君"。不久，文王又向西北、西南发展，为灭商建立了坚固的后方。接着又向东进兵，过黄河，沿渭水东进，占据了商朝在渭水中游的重要据点，扫除了东进的障碍，并占有了关中肥沃地域。这时，文王把政治中

文王占据了商朝在渭水中游的重要据点

心迁到丰（今陕西西安西南）。文王完成了对商朝的钳形包围，周对商已经形成咄咄逼人的攻势。

周文王在治理岐山脚下的周部时，对内奉行德治，提倡"怀保小民"，大力发展农业生产，采取"九一而助"的政策，即划分田地，让农民助耕公田，交纳九分之一的税；商人往来不收关税；有人犯罪妻子儿女不受连坐之苦。文王实行裕民政策，就是征收租税有节制，让农民有所剩余，以提高农民的劳动积极性。周自迁岐以后，与商的往来关系较多，从商文化中吸收了不少对周有用

岐山风光

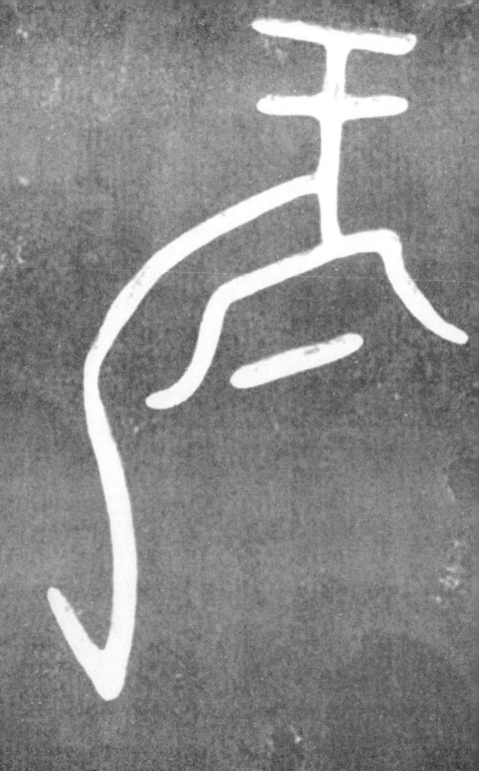

商　　甲骨文

的东西。其中极重要的一项，就是文字。1977年，考古工作者在周原的一组宫殿遗址中，发现占卜用的甲骨一万五千余片，其中有文字的为一百七十片，计五百八十字左右，字数最多的一片有三十字。周文王治岐时，周的社会经济、文化的发展都很迅速，武力也日益强大。此时周虽在名义上仍服从于商朝，其势力却已对商构成严重的威胁。于是，商纣王把西伯姬昌囚禁于羑里七年。

（二）武王伐纣

周文王在完成灭商大业前夕逝世，其子姬发继位，是为周武王。他即位后，继

西周晋侯苏编钟

暴君商王像

承乃父遗志，遵循既定的战略方针，并加紧予以落实。而此时的商纣王却整日饮酒作乐，荒淫无度，不管人民的死活。他没完没了地建造宫殿，迫使成千上万的奴隶，花了七年的时间，在都城朝歌（今河南淇县）造了一座周长三公里、高达千尺的"鹿台"，比夏桀的瑶台还阔气。他把搜刮得来的金银珍宝都贮藏在里面。他又造了一个极大的仓库，叫做"钜桥"，把剥削来的粮食堆积起来。他把酒倒在池里，把肉挂在池边的树林上，叫做"酒池肉林"。他和宠姬妲己以及贵族过着穷奢极欲的生活。对广大百姓却实行残暴统治，凡是诸侯背叛他或者百姓反对他，他就把人捉起来放在烧红的铜柱上烤死，这种刑罚叫做"炮烙"。商纣王的荒淫残暴行为，加速了商朝的灭亡。

周武王即位后，积极准备伐商。武王拜太公望为师，并且要他的兄弟周公旦、召公奭做他的助手，整顿内政，扩充兵力。当时，商纣王已感觉到周人对自己构

殷墟出土的商代马车

商代晚期青铜觚

成的严重威胁，决定对周用兵。然而这一拟定中的军事行动，却因东夷族的反叛而化为泡影。为平息东夷的反叛，纣王调动部队倾全力进攻东夷，结果造成西线兵力的极大空虚。与此同时，纣的暴政越来越厉害了。商朝统治集团内部的矛盾呈现白热化，商纣饰过拒谏，肆意胡为，残杀王族重臣比干，囚禁箕子，逼走微子，纣已经到了众叛亲离的地步。武王、姜尚（姜子牙）等人把握这一有利战机，于公元前1046年正月，周武王亲率战车三百乘，精兵五万，在盟津举行一次誓师大会，宣布

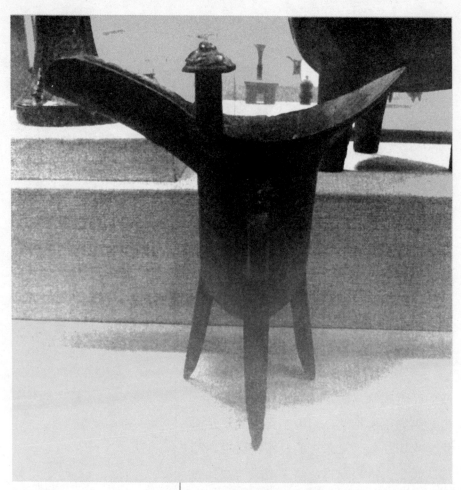

商代晚期青铜爵

了纣残害人民的罪状，鼓励大家同心伐纣。周武王的伐纣大军士气旺盛，一路上势如破竹，很快就打到离朝歌仅仅七十里的牧野（今河南淇县西南）。纣听到这个消息，立刻拼凑了七十万人马，由他亲自率领，到牧野迎战。这些人平日受尽纣的压迫和虐待，谁也不想为纣卖命。在牧野战场上，他们纷纷倒戈，七十万商军，一下子就土崩瓦解。商纣逃回朝歌，眼看大势已去，当夜，就躲进鹿台，放了一把火，跳到火堆里自焚了，商王朝的统治结束了。武王在几个将帅的簇拥下，在商宫中举行了盛大的"受命"仪式，表示征伐成功。武王在商都建立祭室，向列祖列宗告捷。祭室的地点就选在牧野，正是这个地方，奠定了周朝今后八百年的大业，也决定了中国以后三千年的历史命运。

"牧野之战"图

六 周的制度

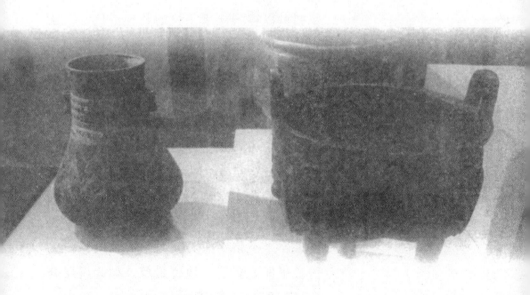

西周晚期青铜鼎

（一）周初的宗法制

　　周部落在古公亶父时，嫡长继承制还没完全确立。古公少子季历继承了王位，而长子泰伯、次子仲雍出奔长江三角洲，后来建立了吴国。季历传位于长子姬昌，姬昌又传位于长子姬发。姬发灭商后，大力推行嫡长继承制。自此宗法制度被作为立国的原则世世代代延续了下来。根据宗法制"传嫡不传庶，传长不传贤"的精神，周王朝规定：只有嫡长子才是王位或爵位的唯一合法继承人，庶子即使比嫡长子年长或更有才能，也无权继承。这就使弟统于兄，小宗统于大宗。庶子虽然不能继承王位，但他们可以得到次于王位的其他爵位。宗法制是以宗族血缘关系为纽带，与国家制度相结合，维护贵族世袭统治的制度。周王为周族之王，自称天子，奉祀周族的始祖，称"大宗"，由嫡长子继承王位。诸侯也由嫡长子继位，其余庶子和庶兄弟大多被分封为卿或大夫，对诸侯是"小宗"，在本家则为"大宗"，其职位也由嫡长子继承。从卿大夫到士，其"大宗""小宗"的关系与上同。世袭的嫡长子即是宗子，地位最尊。如此层层分封，大宗率小宗，小宗率群弟。大宗、

西周青铜文物——壶（左）、鼎（右）

小宗的宗法关系，同时也是政治隶属关系。对于异姓有功的贵族，则通过联姻，成为甥舅，分封为诸侯，也纳入宗法关系。于是，在全体贵族内部，举国上下形成了以周天子为核心，由血缘亲疏不同的众诸侯国竞相拱卫的等级森严的体制，使政权不但得到族权而且得到神权的配合。"亲亲""尊尊"在这里获得完备、严格的体现，成了宗法制的精神支柱，从而也是周礼的根本原则。

（二）分封制的确立

西周灭商以及周公东征以后，周的领土扩大了很多，而且是异民族的土地。为了有效地控制所征服的地区。周王朝依据宗法制度的基本原则，又创设了"分封制"，其具体办法是：周王朝的天子以都城镐京为中心，沿着渭水下游和黄河中游，划出一大片土地，建立由周王直接统治的中央特别行政区，此谓之"王畿"；王畿以外的全国所有土地，划分为大小不等无数块，分封给各路诸侯。但这些封国面积很小，实质上都是一个个城堡式的军事据点，以此为中心对四周地方加以控制。这就保证了中央对封国的绝对控制权，诸侯国像群星捧月似的，环绕拱卫着王畿。诸侯国的分封有两种情况：一是同姓封国。凡是姬姓的周王室亲族，每人都可分到一块土地，在那里建立封国，此即同姓诸侯国。二是

商代虎纹铜钺

异姓诸侯。这又可分为两种情况：少数有功之臣；一些既不能征服又防止作乱的部落。周王朝分封诸侯国之后，上古长期存在的部落自此逐渐消失，为封国所代替。周初封国地位平等，直属中央管辖，但国君的爵位各有高低，故封国的面积也大小不一。周王朝将封国国君的爵位根据宗法制关系分为"公、侯、伯、子、男"五级。

分封的诸侯可以自主管理自己的封地，建立自己的行政、税收和军事体系。但是他们要严守与分封制并存的一切系统礼仪，祭祀和起居用度也有不能逾越的规范，而且他们有朝贡周天子的义务。在西周鼎盛时期，周王对诸侯拥有很大的权威。各封国的诸侯要定期朝见周王，报告自己国内的情况，听取周王及其辅佐的指令，如临时发生重大事故，要及时向周王报告。他们还必须向周王贡献封国的产物和周王需要的东西。他们还有保卫王室的义务，包括为周王提供作战的军队。如果他们不履行自己的义务或超越周王赋予他们的特权，周王可以收回或削减他们的封地，改变他们的爵禄，可以废除甚至灭掉他们而另立国君。这样，根据宗法制和分封制，便形成天子、诸侯、卿大夫、士等各级宗族贵族组成

西周青铜文物——簋（上）、鼎（下）

西周青铜甗

的金字塔式等级制机构。各个等级之间的相互关系，既是大小宗关系，也是上下级关系。周天子位居金字塔顶端，不仅是所有姬姓宗族的大宗，而且通过"同姓不婚""娶于异姓"的联姻原则，又成为有甥舅关系的异姓宗族的共主。以父系社会体制之下形成的宗法制为基础，周王朝有严格的礼制和刑罚。周礼"礼不下庶人，刑不上大夫"，用以调解和调节统治阶级内部的矛盾和关系。刑罚是用来控制、镇压平民和奴隶的，有死刑、墨刑、流刑、鞭刑、罚金等刑罚和一套诉讼审判制度，以此维护奴隶主的统治。

（三）周初分封制的作用

分封制作为我国奴隶社会的政治制度，它总结了历史经验，把建立地方政权与巩固自己统治有机结合起来，周王朝在分封诸侯的过程中，又制定了一系列的制度，使王室能有效地对整个领土进行控制，巩固了西周的统治，拓展了疆域；分封制使统一的社会制度在诸侯国中得以普遍实行，通过周王室用权力与义务的规定，使周天子成为名副其实的诸侯之君，改变了夏商时代国王为诸侯之长的状况；分封制促进了诸侯国社会历史的迅速发展，统一的奴隶制度在各诸侯国得以建立和发展，使奴隶制经济有了繁荣的基础；分封制还加速了各族融合的进程，受分封的偏远诸侯国逐步接受了中原文化，一些大诸侯不断向周围的夷、戎、狄等少数民族用兵，进而兼并其土地，进行了文化渗透。

（四）井田制

1. 井田制的兴起

据《谷梁传·宣公十五年》记载，所谓"井田"，就是具有一定规划、亩积和疆界的方块田。长、宽各百步的方田叫一"田"，有些地方以九块方田为一"井"。因为把九块方田摆在一起，恰好是一个"井"字形，井田的名称就是这样来的。

西周早期青铜器——戈、豆罐和鬲

西周实行"井田制"的土地制度

井田制是西周时的土地制度，井田制的土地所有权属于国家，亦即属于周王，即所谓"溥天之下，莫非王土"。周王把土地分赐给各级贵族，让他们世代享用。他们只有享用权而无所有权，所以不准转让和买卖。为了充分发挥地力，并规定了定期"换土易居"的分配制度。西周的井田制根据剥削对象的不同，有两种不同的区划，一种是"十夫有沟"，即国中平民的份地，其收入要上缴国家十分之一，作为贡税，以充军赋。另一种是"九夫为井"，即国家将方里土地按井字形划为九区，其中一区为公田，余八区为私田，分授八夫，公田由八夫助耕，收获全部上缴给领主。男子成年授田，老死还田。井田制度是奴隶制国家的经济基础，体现了我国奴隶社会生产关系的主要部分。它与宗法制度紧密相连，在西周时期得到进一步的发展。

周朝的井田制，既作为诸侯百官的俸禄等级单位，又作为控制奴隶的计算单位。井田制下的土地一律不准买卖，只能由同姓依照嫡庶的宗法关系去继承。耕种井田的农业奴隶也随着土地同属于奴隶主阶级所有，终生不得离开土地，更不准转做其他行业。西周的各级统治者把井田分为三类。

他们各自把其中最好的部分留给自己，叫"公田"，驱使奴隶集体耕种。把距城市较近的郊区土地，以田为单位分给和统治者同族的普通劳动者耕种。这部分人因为住在"国"（即城市）里，叫"国人"。国人不负担租税只负担军赋和兵役。他们平时每年向国家交纳一小罐米和一捆牧草，作为军费。战时当兵，自己准备武器、粮食和军需。国人有当兵和受教育的权利，所以也叫"武夫"或"士"。这部分人是奴隶社会里的普通平民。他们表面上不受剥削，是自食其力的劳动者。但是，奴隶社会的掠夺战争是十分频繁的。他们经常被征调去

周朝统治者将井田分为三类，分给不同阶级

奴隶要无偿给奴隶主耕种公田

打仗，自己家里的田园都荒芜了，因而破产负债。打了胜仗，掠夺来的土地和财富统归统治者所有，如果打了败仗，还有被俘沦为奴隶的危险。因此，国人的地位是动荡的。

奴隶主把距离城市较远、土质瘠薄的坏田，分给住在野外的奴隶——庶人。庶人因住在野外，所以也叫"野人"，奴隶主阶级瞧不起他们，认为他们最愚蠢，所以也管他们叫"氓"。庶人没有任何权利，只有给奴隶主耕种井田和服其他杂役的义务。他们每年要先在奴隶主的大田上劳动，然后才准许去耕种自己作为维持最低生活的那一小块土地。

因此，西周时期的"国""野"对立，既是城乡对立，也是阶级对立。井田制由原始氏族公社土地公有制发展演变而来，其基本特点是实际耕作者对土地无所有权，而只有使用权。土地在一定范围内实行定期平均分配。井田制是我国古代社会的土地国有制度，西周时盛行，它还保留有原始社会公有制下农村公社对土地管理的某些形式或曰外壳，但其性质已是一种奴隶制下的土地剥削制度。

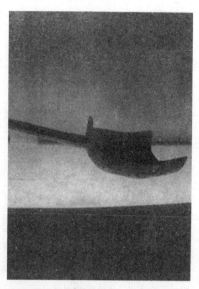

春秋初期已有铁制农具

2. 井田制的瓦解

井田制的瓦解源于生产力水平的提高。铁器的使用和牛耕的推广，是当时生产力水平提高的标志。我国用铁始于商代，大概到西周末年，铁器多起来，大约春秋初期，已有铁农具。牛耕也起源于商代。甲骨文有"犁"字。可见，用牛拉犁启土，在商代就发明了。铁器的使用和牛耕的推广，为人们开辟广阔的山林，兴修大型水利工程，带来了方便。耕地面积和农业产量大幅度增长了。

农业的发展，使井田制的"千耦其耕""十千维耦"的集体劳动形式过时了，而分散的、个体的、以一家一户为单位的封建经济形式兴起了。早在西周中期，

奴隶不断逃亡，另辟耕地，反抗奴隶主的剥削

就有个别奴隶主贵族为了额外榨取奴隶的剩余劳动，强迫奴隶开垦井田以外的空地。国人也在份地以外开辟田地，这样开垦出来的田地，不可能是方方正正的，也不可能有一定的面积，是瞒着王室的，属于不纳税的私有物，叫私田。因为公田是不允许用来交换的，所以到西周末期，随着牛耕和铁器的广泛使用，私田越来越多，成为井田制内部的对抗力量。奴隶不断逃亡，另辟耕地，成为自耕农。国人也不愿耕种份地受贵族奴隶主的剥削，常常打破宗法关系，逃到别处开荒种地，成为自耕农。自耕农的增多，奴隶和国人的减少，使奴隶主贵族失去了往日的经济基础，于是千方百计控制奴隶和国人逃亡，阶级矛盾不断尖锐激化。斗争的结果是，使一些开明的贵族采取了新的剥削方式，把土地租给奴隶和国人耕种，让其父纳一定的地租，这种剥削方式便是封建地主对农民的剥削方式。贵族们土地私有的欲望不断增长，到周幽王时，连公田都企图据为己有。周王再像原来那样从贵族手里收公田，就引起贵族们的强烈不满。贵族之间为田地争斗、诉讼，也层出不穷。公元前580年，晋大夫郤至与周争鄇田；公元574年，晋郤锜夺夷阳五田等等，

这些事件，都表明土地制度在发生着深刻的变化，当然这是通过战国时期的变法来最终实现的。

　　开辟和耕种大量私田，需要大批劳动力，而用奴隶制的办法已不能调动生产者的劳动积极性。于是，一些顺应新形势的贵族为了招徕劳动人手，改变剥削方式，如齐国田氏向民众征赋税使小斗，把粮食贷给民众用大斗；晋国韩氏、魏氏、赵氏采取扩大地亩，而不增税额的办法，收买民心。这样，奴隶们纷纷从公室逃往私门，春秋时代记载的"族属""隐民""宾萌""私属徒"，都指的是这些逃来的奴隶。

开辟和耕种大量私田，需要大量劳动力

奴隶的逃亡，使一些国家
的公田变成了荒原

虽然他们身份还是不自由的，但却不同
于奴隶。他们可以占有少量的生产资料，
独立经营农业和与农业有关的家庭副业。
他们已经是封建农民的前驱了。奴隶的
逃亡，使一些国家的公田，变成了荒原。
井田制再也维持不下去了。《左传》记载：
公元前594年，鲁国实行"初税亩"，
正式废除井田制，承认私田的合法性，
而一律征税。各国纷纷效法。井田制打
开了一个缺口，井田制的瓦解崩塌也就
成为必然了。

七 西周的社会经济

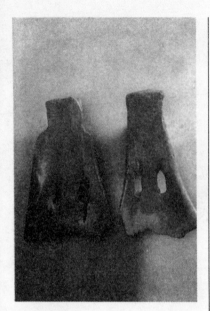

古代农具耒耜

（一）西周农业的发展

农业是西周最主要的生产部门。周王及各级奴隶主都比较重视农业，不仅经常举行各种仪式祈求"受年"，而且每年春季都举行"藉田"仪式。奴隶被大量投入到农业领域，西周的农业有了进一步的发展。西周时出现了一些比较锐利的农具。当时的主要农具是木制的耒耜，此外，还有骨铲、石铲、石犁、石刀、蚌镰等，便于掘土耕地。其次，奴隶们积累了较丰富的农业知识，很注意选育良种、施肥、除草、防治病虫害及灌田或排水等，一般田地多修有排灌系统。

西周人已基本掌握了修筑排水和引水设施、除草、壅土、施肥、治虫等农业生产技术，并且经验越来越丰富。《诗·小雅·白华》说："彪池北流，浸彼稻田。"说明人们已经知道应用人工灌溉技术，不过在很大程度上他们仍然是依靠天然的雨水。当时向大自然祈求降雨、祈望恩惠的情况普遍存在。此外，周人对于除草和壅土培苗技术已很重视。锄耕农业的推广，使垄作开始萌芽，耦耕和中耕除草技术在西周时期广泛实行是很自然的事。

在大量农业生产活动中，人们还掌握了消灭害虫、保护植物的方法，以及

西周时期，农业有了进一步发展，生产力得到提高

收获后粮食的加工、贮藏方法，推广了以自然冰冷藏食品的技术。农业的发展使农产品加工业也不断发展，不仅酿酒技术比以前有所提高，而且出现了制造饴糖和煮桃、煮梅、用盐渍菜的方法。西周农作物的品种更加丰富，重要的谷物有粟、黍、稷、穈、芑、粱、秬、秠、麦、稻、稌等等，时有"百谷"之称。种植最多的是黍、稷。当时桑、麻的种植也很普遍，豆类和一些瓜果、蔬菜多栽种在特殊的园中。专门的苗圃已经出现，"圃"就是周围用栅栏围起来的菜园和果园。总的看来，秦汉以后的主要农作物，

在西周时期基本上都已出现。

在黄河流域和长江流域农业比较发达的地区，人们已经初步掌握了根据自然现象预测天气的知识，这对农业生产很有好处。在农业生产中，人们特别注意观察熟悉的植物、动物的习性和生长变化规律，并与风、雨、干旱、冰冻等气象现象结合起来，指导适时播种与收获。所有这些农业科学知识，都对农业的发展产生很大影响。

在农业生产中，人们注意观察植物生长的自然规律，因地制宜

（二）西周畜牧业的进一步发展

在农业发展的同时，畜牧业和家庭饲养业也有相应的发展，在西周时期的城市遗址、聚落遗址和墓地中，普遍出土了数量很多的牛、羊、马、猪、狗、鸡的骨骸。据文献记载，祭祀用牲，牛为太牢，羊为少牢，重大庆典最多要宰杀用牲三百头，由于各种祭祀活动频繁不断，可知当时畜牧业的发展已相当可观。北方地区牛羊的饲养、放牧十分兴旺，其中养羊业尤为突出。北方各地已熟悉对羊群的管理和饲养技术，并积累了不少防治牛羊疾病的经验。当时每一群羊可过三百头，但放牧的每群的数量不宜过多，三百头算是大群。在草原上辽阔的牧区，牛、羊的数量很大，农业聚落则利用荒山与河滩放牧。

西周时期对饲养牛、羊都特别重视繁育增殖，明文规定"大夫无故不杀羊"，除祭祀、庆典和节日外，不能随意杀羊以为食。市井屠宰贩卖的肉类主要是猪与狗。牛的饲养也很发达，新石器时代晚期至夏商两代，牛的数量日益增多，殷墟发现的卜骨，大多是牛胛骨，仅1973年就在小屯南地出土牛胛骨四千四百四十二片，可见养牛业的兴旺。

西周时期，畜牧业发展已十分可观

（三）西周发达的手工业

西周时期的社会经济比商代有进一步发展。大量使用青铜工具生产，为社会提供了更多的剩余劳动产品，促使各种手工行业得到发展。西周的手工业生产，是社会经济中非常活跃的力量，也是推动经济发展、创造社会财富的重要因素。在农业和畜牧业不断发展的基础上，手工业生产和各个行业都比商代有所进步，并在西周中期以后逐渐形成了以手工业工匠为主体的"国人"阶层，这支新兴的社会力量，对促进经济的发展和奴隶制度的瓦解，都起到了巨大的作用，促进了城市经济的发展，也进一步扩大和加强了商品交流。

在西周奴隶社会中，无论是王都还是各诸侯国中的工商业，都基本上承袭了商代特别是其晚期的"工商食官"制度。当时比较重要的手工业都是由王室和诸侯贵族所控制，而由百工直接掌管。百工就是百官，他们统辖着各种行业的生产。当时的商人，不仅不能自主经营其业，而且那些手工业者所生产的产品也主要是为了奴隶主贵族的享用，而不是为了交换而进行的商品生产。西周时期的手工业，除了上述的官府手工业外，

大量使用青铜工具生产，间接促进了手工业的发展

还有属于公社农民家庭副业的民间手工业，但都是为了自给自足而生产，只有少数手工业品用于交换。

在西周官府手工业中，最为重要的仍然是青铜工业。已经发现的西周早期最大铜器大盂鼎，虽然没有商代的司母戊鼎大，但这时发现的青铜器总量却超过了商代晚期。可见，西周早期的青铜工业有了一定程度的发展。河南三门峡虢国墓地，出土铜器竟达一百八十一件，其他大宗的工具、武器、车马等器物，更不下五千件。其数量之多，说明了那时生产规模的扩大。与铜器的形制相适应，西周时代铜器艺术装饰的题材和风格，与商代大体相同，也有

在西周官府手工业中，最为重要的仍然是青铜工业

浓厚的民族特色。这种铜器装饰题材的独特的内容和风格，以及极为别致的装饰方法，完全说明了商周的铜器艺术是在中国的土地上生产和发展起来的。青铜艺术这一份珍贵的文化遗产，是我国劳动人民世代相传的智慧结晶。

西周时，陶器仍然是当时人们的生活必需品。西周时期的陶业生产已经有了专门的行业。陕西岐山扶风发现了两处西周早、中期的宫殿遗址，其中一处就是使用瓦的建筑物。这种瓦虽然仅是使用于奴隶主贵族的宫室上，但是，它在中国建筑史上却具有重要意义。原始瓷器的生产，在商朝的基础上也有了一

青铜艺术是我国珍贵的历史文化遗产

定的发展，而且反映出陶瓷工艺的高度水平。西周时期的玉器使用更加普遍，它不仅用于奴隶贵族服饰或其他佩带物上，而且又是他们区别尊卑的礼器，如璧、环、瑗、璜、圭以及戈、斧、刀之类的仿兵器仪仗用品等等。这些玉器都很精细，并有专门的作坊进行制作。

纺织业已经是当时重要的手工业。在西周沣西遗址中，曾经发现有大量的纺陶轮和少量的石、骨纺轮以及骨、角针之类的工具、纺织品遗物或遗痕。

西周玉器

（四）西周繁荣的商业

同手工业一样，西周时期的商业操纵在官府的手中，商品交换只能在官府允许的范围内有限度地发展，因此，在民间留给私人经营的余地少之又少。一般平民只有在农闲的时候，才能抽身出来出售自己的某些剩余农产品或小型农具、手工业品等，进行少量的商业活动。有一定专业技能的小生产者转变成小商贩，获利后可以牵牛驾车奔走离家，其中一些人替奴隶主们贩运土特产品，比奴隶要自由一些，但社会地位也不高，仍属平民阶层。到了西周后期，开始出现一些不属于官府的私人商业，民间的贸易活动，开始在城邑内外展开，但一般数

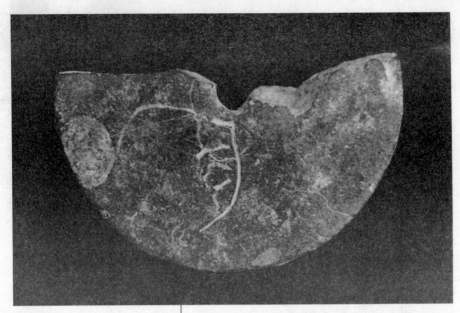

纺陶轮残片

量较小，大都以物易物，相互交换一些日用必需品。"氓之蚩蚩，抱布贸丝"的诗句，反映了一般自由民以家庭手工业产品相交换的情景。从商代开始产生的商人与商业，直到西周晚期才开始形成一种社会力量，但仍很弱小，并且继续受到奴隶主王室和权贵们的歧视与压制。在中国的传统农业经济思想中，商人与商业始终处于卑微的地位。不过，从中国历史发展的长河来看，夏、商和西周三代正处于手工业经济空前发展、手工业产品迅速增加和私人财富大量聚敛的时期，作为重要的财富，土地尚未完全把劳动者紧紧束缚在大田耕作上，所以商品的交换和远距离的贩运是比较活跃的。

八　社会矛盾激化与西周覆灭

（一）西周的奴隶和平民

西周前期，特别是成王、康王在位时期，政治稳定、经济发展、百姓安居乐业，故这一时期被史学家称为"成康之治"。中期以后，领主和平民的矛盾日益尖锐，统治集团内部的争斗也逐渐加剧。西周时奴隶们的生活很悲惨，他们的地位连牲畜都不如。在市场上，一束丝加一匹马就可以换五个奴隶。被统治压迫的还有平民，被称为"国人"。他们身份比奴隶自由，取得一些土地由自己耕种，但受到奴隶主贵族的剥削。他们还被迫去当兵，替奴隶主打仗。这一时期，西北少数民族不断侵扰，西周国力日趋衰落。

西周玉器玉鹰

西周青铜器何尊铭文记载了周成王继承武王的遗训，营建都城洛邑的史实

（二）厉王专制与"国人暴动"

周厉王即位后，社会矛盾更加尖锐，他为了增加财政收入，实行专制政策，把过去一向由公共使用的山林川泽一并收归王室所有，禁止其他人随便进入这些地区打鱼狩猎。这种专制政策激起了劳动人民和中下层封建领主的不满，致使举国上下怨声载道。厉王此时不听大臣的劝告，派卫巫监视，发现有人发表不满的言论，即刻处死。百姓见面连话都不敢说，但阶级矛盾迅速激化。公元前841年，终于爆发了"国人暴动"，镐京的平民和奴隶举起武器攻进王宫，厉王逃到彘（今山西霍县）。政权暂时由大臣周公和召公共同执掌，历史上称为共和。共和元年，即公元前841年，是我国历史有确切纪年的开始。

（三）宣王中兴与西周覆灭

平王迁都洛邑（今洛阳），西周王朝正式结束东周王朝开始

公元前828年（共和行政十四年），周厉王死于彘（山西霍县）。太子静即位，是为宣王，周公、召公还政于宣王。这时，国家的情况残破不堪，周国少数民族一再侵袭，社会动荡不安。周宣王汲取教训，在周公和召公的辅佐下，整顿内政，安定了社会秩序，进而对周边少数民族展开争斗并连连取胜，史称此时为"宣王中兴"。但是社会中各种矛盾依然存在，整个社会仍处于动荡之中。

宣王死后，其子幽王即位。他昏庸无道，宠爱妃子褒姒，而废掉了皇后申后和太子宜臼，另立褒姒为后，立其子伯服为太子，加深了统治阶级内部的矛盾。公元前771年，申后的父亲申侯联合缯侯和犬戎举兵攻周，杀死了周幽王，拥戴宜臼登位，是为平王。这时镐京已残破不堪，又受犬戎等族的威胁。公元前770年，平王将都城由镐京迁到了洛邑（即洛阳），至此西周结束，东周开始。西周（前1046—前771年）从武王灭商建国，到幽王亡国，共历三百多年，是中华帝国的一个重要时期，也是中华古典文明的全盛时期，他的物质、精神文明对后世历史的发展有很深的影响。

九　西周的科技与文化

《周髀算经》

（一）西周的科学与技术

在社会生产力发展的基础上，西周时期的科学技术取得了不少新成就，为后来的科学发展开拓了道路。西周时很重视贵族子弟的教育，从幼童开始，就要教以礼、乐、射、御、书、数等基础知识和基本技能，号称为"六艺"。数学是其中的一门，可见，有关数学的知识已广泛应用于社会生活的各方面，发展成为一门独立的科学。《周髀算经》开头所举的"勾三股四弦五"的勾股定理，传说是周公提出的，当然是假托，但在西周时期开始萌芽了这一算法，则是可能的。天文学方面，西周也取得了重要成就。观测天象，了解日月星辰的运行规律，制定历法，指导农时，所谓"观象授时"，对我国古代天文学的发展作出了贡献。

（二）西周的文化特征

周人在周原建国时，就形成了具有很大包容性的文化体系——周文化。它和商人并存，有些受商人的影响，也有保存自己固有独特的色彩，同时还接受了草原的影响以及西边羌人的影响，它本身就是很有包容性的混合体。周以这种混合体的特点，在打败商以后，由于人少，要治理这么大的国家是很困难的，所以对商人和土著采取尊敬、合作、共存的态度，这种精神是很了不起的。

　　周人是同姓不婚的民族，以通婚的方式和其他的族群联合在一起，以包容的方式来共存。周朝强大的文化包容性与政治包容性出现以后，才造成了一个真正统一的政治秩序。这个政治秩序与文化体系相辅相成，以后继续不断地吸收，也不断在扩大，内涵极丰富，而且扩张性也很强，因此变成一个凝聚性强的文化大民族，它不会被打散，在世界上是个少见的例子。其实我们中国分裂的时期远比想象中长，可是在我们脑海里，

乐器编钟

西周的科技与文化

从来都只是记得统一的时候，不记得分裂的时候，其原因就在于我们文化的秩序与政治是合一的。

（三）西周文化的历史地位

周人以蕞尔小邦，崛起渭上，不仅代替文化较高的大邑商，成为古代中国的主流，而且开八百年基业，为中国历史上重要的一个时代。商代可以看做一个主轴的政治力量，逐步扩张充实其笼罩的范围，却还未能开创一个超越政治力量的共同文化。因此殷商的神，始终不脱宗族神、部落神的性格。周人以小邦蔚为大国，其立国过程必须多求助力，因此，在先周时代就采撷了农耕文化及北面草原文化的长处。灭商以后，历经

西周时期的青铜器

武王周公到成康之世的经营，周朝的基本策略，不外乎抚辑殷人，以为我用，并以婚姻关系加强其联系，承认原有信仰。使周成为诸部族的大联盟。周人在这个超越部族范围的政治力量上，还须建立一个超越部族性质的至高天神的权威。于是周的世界，是一个"天下"，不是一个"大邑"；周的政治权力，铸造了一个周文化的共同体。周人克商，又承认商人曾克夏。这一串历史性的递嬗，代表了天命的交接，代表了一个文化秩序的延续。这是周人"华夏"世界的本质。中国三千年来历史的主旨是以华夏世界为文化主流。四周的四裔必须逐渐进入这个主流，因为这个主流也同时代表了天下，开化的天下。

西周玉器

分封在外的诸侯，一方面是华夏的代表；一方面也与各地方原有的文化接触与交流。西周以来，华夏意识渗入中原各地，一方面吸收新成分；一方面反哺华夏文化，经过三千多年的融合，西周代表的华夏世界终于铸成一个文化体系，其活力及韧度，均非政治力量可以比拟。华夏世界的韧力，经厉王、幽王两度丧乱的考验，王室的威权削弱了，但是华夏世界凝聚性之强，足以维护其世界于不坠。另一方面，西周文化不断扩散，其文化的同化力也极为强大。

西周文明为 5000 年华夏文明
打下了坚实的基础

遂使中国三千年来不断成长、不断扩大，
却又经常保持历史性共同意识。儒家文化
的基本性格成为中国文化的基本性格，而
其成形期，正是在西周形成华夏文化本体
的时候。

十　夏商周的历史地位

约在公元前 21 世纪时建立和巩固起来的夏王朝，是我国历史上最初形成的国家，是中国奴隶主阶级建立和运用国家机器，确立和进行阶级统治的开端。此后，历经商、西周，直至公元前 771 年周幽王被杀于骊山，历时一千三百多年，在历史上称为"三代"，是我国奴隶制国家的形成和发展时期。在疆土方面，夏商周凭借自己正统的地位和强大的武装，采取分封、册命和武力征服的手段，不断地扩大自己的势力范围，初步奠定了中华民族的活动疆域，密切了同周边各少数民族的关系，为统一的多民族国家的形成打下了基础；在经济上，

骊山脚下一景

夏商周——传奇时代

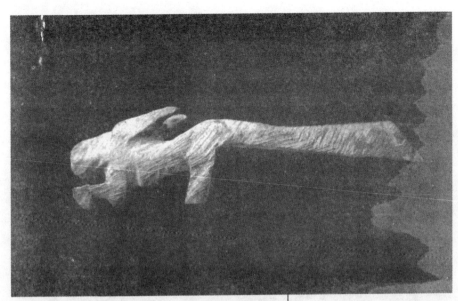

生产工具从骨器、蚌器、石器发展到铸造完美的青铜器；农业生产得到较大的发展，从仅有少量的剩余到"千斯仓""千斯箱"的储备；商品经济也有了较大的发展，形成以都邑为中心的商品生产和交换市场及比较统一的货币，使社会生活有了较大的发展；在政治上，确立了以君主为核心的王权专制，在父系大家族的基础上，以宗法制度为主体，按照亲疏远近，从王国到诸侯国，按地区建立起层层的政权机构，并划分明确的等级，由大大小小的奴隶主世代相袭地把持各级政权。这种宗法和等级制度长期影响着中国古代社会；在思想领域，形成宗教神学思想体系，将

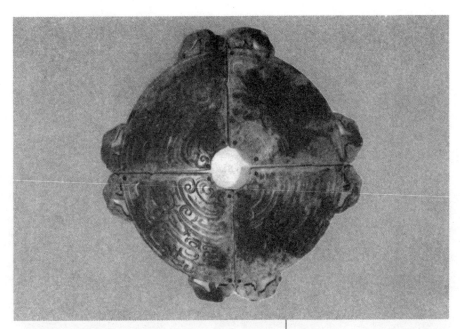

西周礼器——庶人龙纹玉四璜联璧

天说成是自然与社会的主宰，以证明王权神授，论证自己的统治是合理的和神圣不可侵犯的，并且利用宗教观念来配合暴力统治；同时，根据宗教祭祀仪式演化出"礼"，作为制度、思想、行为的规范，逐步发展成为一套以维护宗法等级制度为核心的礼制，深刻地影响了中国古代社会的发展；在行政管理上，国家行政管理体系不断完善，形成以王为首、分封诸侯的贵族政体；建立了一套以中央为内服官（在王国直接统治区内为王室服务的官）、以地方为外服官（在王国直接统治区外分封的诸侯和为诸侯服务的官）的内外服官体系；建立

西周王室祭祀礼器——玉双鸟纹大钺

了适合奴隶制国家特点的、有关培养、选拔、任免、爵命等级和退休养老等方面的官员管理制度。

夏商周时期的政治演变、经济发展、文化的形成，对于我国民族的形成和发展以及后代的发展变化都有着重大而深远的影响。夏商周三朝是汉族先民奠定和形成时期，兼容不同民族文化、融合周边民族文化，不断壮大华夏和华夏民族文化，这一举世无双的汉民族融合其他民族，不断发展壮大的模式，应该是中华民族历史经久不衰、人口不断壮大、文化长期昌盛的根本原因。